Ludwig Fels · Der Anfang der Vergangenheit

Ludwig Fels
Der Anfang
der Vergangenheit

Gedichte

Piper
München · Zürich

ISBN 3-492-02932-9
© R. Piper GmbH & Co. KG, München 1984
Gesetzt aus der Baskerville-Antiqua
Gesamtherstellung: Kösel, Kempten
Printed in Germany

»Jede Sekunde kommt als Skelett auf die Welt. Aus dem Horizont
quellen neue und neue Wolken. Der Himmel ist schon verkohlt
von zu viel Zeit und Sonne. Ich bin dem Wahnsinn nahe, das
heißt: der Vergangenheit.«
Max Peintner

»Ich bin da und ich lebe
ich bin gezwungen zu leben
esse Brot
trinke Wasser
weder mein Sterben hört auf
noch die Liebe zum Leben.«
Habib Bektas

Als ich diese Gedichte schrieb, wollte ich in die Vergangenheit geraten, an den Anfang der Vergangenheit zurück. Am Anfang der Vergangenheit wollte ich sein, ohne den Korpsgeist nostalgischer Expeditionen, das Damals vergleichen mit der angenehmen Grausamkeit der Autobahnen und Rollfelder. Ich wollte dorthin, wo noch gewisse Unterschiede zwischen Türen und Fenstern bestanden haben sollen. Aber das Heute wächst zu schnell, und die Liebe hat kein Gesicht. Inzwischen jäte ich meine Utopieparzelle mit dem Flammenwerfer der Unrast.

Schreibend merkt man, daß die Zeit nicht alle Wunden heilt. In denen, die schon zu tief liegen, um geheilt werden zu können, bilden sich Gedichte, die immer wieder emporstoßen, bis in den Kopf.

Die Stürme des Lebens und mittendrin mein Bleistiftmast und das Getriebenwerden durch die steinernen Städte, all dies zaubert einem die Wolken schlafloser Nächte ins Gesicht, macht die Augen hart gegen Neongepränge, gegen Modekadaver. Ich kenne immer weniger, was es wert wäre, auch nur in einer einzigen Zeile vorzukommen. Das ist nicht mein Stolz: das ist mein Verlust. Ich kann sagen, ich hätte schon zu Lebzeiten gerne woanders gelebt.

Ich habe versucht, mit den Gedichten heimzukommen in die Herzen der Menschen, in die Herzen von Menschen, die schon damit zufrieden sind, Menschen zu sein, daß sie oft gar nichts anderes mehr wollen, als ihre bewegliche Haut wie ein Verkleidungsstück im Spiegel zu bewundern oder als Abglanz am andern, dem Fernsten. Im Traum. Im Traum von sich selbst. Ganz allein. Trotzdem werde ich, auch in Zukunft, eines nicht tun: leichtfertig die Trauerränder unter den Fingernägeln von Arbeiterhänden besingen oder vor lauter Ungeschick und Ergriffenheit Augenschatten mit Liebeskrankheiten verwechseln.

Es war schon immer mein sehnlichster Wunsch, Zeiten zu erleben, in denen ich noch nicht geboren war. Gedichte sind manchmal wie Erinnerungen daran. Viele der Gedichte schrieb ich abends oder in lauten Nächten; bewegt war ich, wie fortgerissen, so vieles erschien mir wichtig, die Biegung eines Nagels, ein Mauerriß, ein verlorner Absatz; der Ausschnitt der Wirklichkeit, der mir zugemessene Teil an Gegenwart genügte nicht mehr: als sei in mir selbst das Gestern enthalten. Es war mein Anliegen, zu erfahren, wo der Mensch sich beheimatet fühlt, wieviel Kälte und Fremde er braucht, um irgendwann sagen zu können: Nun bleibt nur noch das Weiterleben übrig.

Und ich scharre über die Erde hinweg wie ein torkelnder Meteor, so, als risse ich mir meine eigenen Gräber auf. Es ist einer meiner hilflosesten, lebensnotwendigsten Wünsche, rückwirkend der erste Mensch auf der Welt zu sein, mir einmal eine lange Sekunde den Körper mit unverdorbenem Sauerstoff füllen zu können, noch ehe der anfällige Leib dazu käme, auch nur einen Hauch Schweiß abzusondern, und zu atmen so tief und so innig wie niemals zuvor, mit Gier, bis ich emporschwebte, um meine Fußabdrücke zu vergessen.

Wenn ich von etwas schwärme, dann nicht immer um den Preis des Lebens. Gedichte kann man mit aufgetauten Märchen vergleichen.

Es gibt Bilder, die ich als Schatten eines Gedichtes bezeichne, Bilder, die Offenbarungen sind. Eines von ihnen: Lepris »Mund der Wahrheit«. Es zeigt ein Gesicht, das scheu und mörderisch lächelt, ein Gesicht, das fast furchtsam in meine hochfahrenden Schreie grinst. Es ist von einer bedrohlich gerechten Bösartigkeit gezeichnet, die so anziehend wirkt, daß man versucht ist, es in einer Aufwallung von Todeslust zu küssen, am gazeartigen Mundtuch zu lecken, um den Geschmack der Angst endgültig zu begreifen. Hinter den Zähnen liegt die Gruft. Das Gesicht meiner Mutter, das Gesicht meiner Frau, mein Gesicht.

Diese Gedichte habe ich geschrieben für die einfache Schönheit, für die sanfteren Träume, für die geduldigere Hoffnung und nicht zuletzt für die Rache, die man an der Sehnsucht nimmt, wenn es die Brust vor Schmerz aufreißt über das Wissen, gefangen zu sein im Terrarium der Realität und getrennt von den Geräuschen der Erde und für immer vom nächsten Planeten.

Die Zeit, in der wir wehrlos untergehn, ohne je auf ihren Grund zu kommen, diese Zeit, die mir, je älter ich werde und je länger sie andauert, immer beiläufiger erscheint, hat mich zur Rettung getrieben, hat mir das Vergessen, das ständig geschieht, als eine Art Amputation vorgeführt und die Liste der Narkosepräparate entsetzlich genau aufgezählt, um mich in Gift und Schande zum Erschauern zu reizen. Ich habe mich erschüttern lassen, das ist meine einzige Verteidigung, die ich vorzubringen habe; ich klage die guten Sitten an, welche die höchstvollendetste Form der Verrohung darstellen und für die gefallen wurde im Feld und verhungert auf dem Acker und ausgeblutet in den Fabriken.

Ich glaube, mich würde es freuen, wenn meine Gedichte mitunter in Altersheimen und auf Trauerfeiern verstanden würden, aber damit ist wohl schon zuviel verlangt. Ich vermisse die Entfernung zwischen Erde und Mond, den Abstand zwischen den Wünschen und der Hoffnung. Mit den Gedichten wollte ich mich ins Leben eingraben, wollte mir im Nachhinein eine unbeschwerte Kindheit ermöglichen und eine betörende Jugend und zeigen, wie traurig man auch von der Liebe werden kann. Ich wollte sehn, wie weit meine Liebe geht, wie weit man mit der Liebe kommt und ob es eine Liebe ist, wollte heraustreten aus den rauhen, verhaßten Gefilden der Gegenwart, aber die Wege, die der Kopf anlegt, halten nicht lange, und die Brücken, zwischen den Herzen geschlagen, brechen zusammen, wenn sich die Kolonnen der Trostlosigkeiten darüber bewegen.

Der Tod macht unser Leben möglich, das tote Fleisch, das wir gegessen haben, kommt als Samen zur Welt. Ich will leben. Mit meinen Gedichten. Ich will sterben ohne einen letzten Gesang.

Man kann sich das Leben nicht erschreiben, nicht mit Gedichten. Man kann die Städte und Länder wechseln, aber die eigene Vergangenheit kann man nicht gegen eine andere austauschen. Es gibt Empfindungen, die vertragen kein kluges Wort, keinen höflichen Satz, die werden mit Erde gefüttert, mit Luft getränkt, die sterben an Mieterhöhungen und am Schwanenmord. Mein Gott, manchmal hißt man Leichentücher und weint eine Pfütze hin, um davonzukommen, zeitweise: gestundet der Traum von der Rückwärtsbewegung in die Leiber und Hirne der Mütter und Väter, bald aufgebraucht, vergeudet zum Broterwerb. Das Glück, das unter der Bettdecke schreit, ist mir nicht das liebste.

Das Schreiben der Gedichte hat mir keine Gräber geöffnet, hat keine Toten auferstehn lassen, die sich dann endlich ihr ganzes Leben erzählt hätten, aber manchmal war doch ein starkes Gefühl in mir, dieses Wunder zu wünschen. Ich hätte auch nichts dagegen gehabt, einmal im Leben durch eine Haut zu fühlen und mit einem Kopf zu denken, für den zum Beispiel der Begriff Maschinist ein Fremdwort aus Afrika geblieben wäre.

Lassen wir es gut sein. Lassen wir die Gedichte anfangen. Lassen wir uns nicht täuschen, daß das Alte vorbei sei: es erhält Zuwachs mit jedem Augenblick. Und würde sich die Erde eine Spur schneller drehen, kämen überall die Knochen aus dem Boden, Anlaß zu

Geschichten, die niemand kennt. Lassen wir uns nichts vormachen: Heute ist Zukunft.

Ludwig Fels, Wien, März 1984

Ansprache

Möchte sagen, erschlagt mich, ihr Träume
aus den Bilderbüchern.
Räume Geschirr vom Tisch
und Gedichte, möchte sagen, Unkraut verdirbt
nicht das faule Fleisch.
Beiß mir die Zunge ab, beschreibe
die Eingeweide im Kopf
Verstecke im Schamhaargebiet.
Möchte denken, daß es nichts dazwischen gibt
möchte alles, immer noch.

Die Treppe: ein schartiger Abgrund.
Auf jeder Stufe
türkische Zigarettenkippen
manche glühn noch
sacken ins rissige Holz
daneben glimmen Besenhaare, Schnurrbartschleifen.
Ebenerdig, wo die Kacheln springen
hat einer hingeschifft
und sich geschneuzt.
Und vor der Haustür
die mir ins Kreuz fällt
wie zugeworfen vom Gestank
liegt ein grauer Packen Hundescheiße
auf dem ganz weich
eine Taube landet, die vergiftet ist.
Im Briefkasten finde ich
ein Präservativ, gebraucht, keinen Brief
aus Paris.
Man trägt mir
viel ins Haus.

Im toten Winkel der Treppe
steht einer und ein paarmal
mußt du dich um die eigne Achse drehn
bis sein Schatten zurückweicht.
Siehst du, er trägt einen
Schnauz im schwarzen Gesicht
der herabhängt wie zwei Zapfen aus Glas
weiß kein Wort
auf deine Fragen.
Die nassen Stiefel schmelzen unter ihm
weg wie Schnee, brüchig
ist das Leder. Sein Magen
knurrt dich an. Er haucht
so leis: Schneebälle
hab ich gekaut, war froh um jeden festen
Bissen Eis, hab den Schneemännern
Karotten geklaut aus dem Gesicht
die Eierkohlen aus den Augenhöhlen
ihnen den Topf vom Kopf gerissen
und versucht, das Gemüse zu kochen
eine warme Suppe.
Du lädst ihn ein zu dir, taust ihn
auf mit Schnaps, später dann zehrt ihr
von der Überwindung des Unterschieds.

Ich rieche die Hinterhöfe
das Verwesen der Toten
die um diese Bleibe kämpften.
Ein paar Erwachsene, ein Haufen Kinder:
Sie alle ziehn sich auf einmal
die Schuhe aus, Käse und Zwiebeln
und Knoblauch verdauend, schlichten sich
in die zwei Betten, die
das einzige Zimmer verstellen
in dem der Ofen friert
bei vernageltem Fenster.
Sie haben die Ritzen in der Tür
mit ihren Kleidern verstopft.
Ohne einen Laut
verkehrn die Alten miteinander, die Jungen
träumen sich ungeboren.
Ja, heute sprechen alle
ein bißchen deutsch, fluchen und weinen
nur noch in ihrer Sprache
wegen des Weckers
in dem keine Sonne scheint.

Mutter und Tochter vielleicht
gehn durch eine Wüste
Schnee und Ruß
aus ihrer Kammer in die Säle.
Der Horizont ist
hinterm Herrschaftshaus
verschwunden.
Beide sind gleich groß
nur die Ältere hat einen
breitern Hintern, härtere Knie.
Mit rauschenden Schürzen
treten sie an zum Dienst
früher als die Morgendämmerung.
Das Mädchen macht die leichten Sachen
für die dem Herrn im Haus die Frau
Gemahlin viel zu gut erscheint.
Und statt Lohn
gibts nur ein besseres Trinkgeld
das daheim ein Mann versäuft.
Die Alte in der Waschküche zählt, wie oft
der feine Herr die Lust genoß
nach Ausritten, Gelagen
sehnsüchtig in Gedanken
die schlanken Beine seiner Pferde kosend.

Schwarz glänzen die Zylinder
wie Seide, Samt oder
Plüsch.
Schleier blähen sich, Federn fliegen
von angenadelten Hüten. Gleich hinterm
nächsten Grabstein
läßt ein kleines Mädchen
Wasser ab.
Inzwischen polieren die Chauffeure
den Lack der Limousinen.
Es wird nicht in Ohnmacht gefallen, es wird
nur so getan.
Gesang, scheinfromm gemurmelt, bauscht
die Gesichter auf.
Die Vögel in den Bäumen
schweigen steif.

Natürliche Gedanken

Manchmal trifft mich ein Fetzen Licht
manchmal streift mich ein Stück Wolke.
Ich träume von Elefanten, pausenlos.
Manchmal erinnert mein Gang an eine Maschine
dann träume ich von Mondelefanten
von Bomben und vom Tod.
Manchmal erreicht mich ein dröhnendes Trampeln
manchmal streift mich ein riesiger Leib.
Ich bin wie wild
der Wahrheit nahe.

Ein Viertelmeter ist Abstand
zwischen Rauschebart und Knotenzopf.
Proletarisch, damals so üblich, hießen
die beiden anders.
Den Augen nach zu schließen
könnt er Nachtwächter gewesen sein
und sie eine Frau
die zu oft Kaffee kochen mußte.
So sitzen sie nebeneinander, blinzeln
in die Photographiermaschine, sie
mit gefälteltem Dreieck und
verdrehten Fingern, er die Hände
ohne Halt im Schoß.
An der Wand hinter ihnen
hängen die Trauerkleider.

Im April nach dem Krieg

Im Bombentrichter hinterm Haus
läßt er sich von seiner
Frau und dem Rest
der Kinder in die Mitte nehmen
lächelt ein russisches Wort
grinst amerikanisch, schleift
sein Rasiermesser im Schutz
des weißen Mantels.
Frisör war sein Beruf.
Er hat noch Wasserwellen im Gesicht
an Brust und Bauch da hängen ihm
die abgeschossnen Haare
und Pilze von Läuseblut kleben ihm
im Stoppelbart wie schöne
Beeren an einem altersgrauen Busch.
Er kann es nicht fassen, bald wieder
den Leute die Köpfe zu richten
die hirnlosen. Viel lieber schnitte er
wie vordem Kehlen durch im Nahkampf
war er ein Meister.

Jeden Katzenkopf einzeln
möcht ich küssen im Pflaster
kreuz und quer rutschen auf Händen und Knien
links hinauf und rechts
nie mehr hinunter.
Die Bäume wuchsen bis zum dritten Stock
die Pferdetaxis hatten gelbe Lampen.
Man rief
der Gaul blieb stehn.
Stieg ein
schrieb unterwegs ein Buch
mit großen Fragezeichen
und las es mit holpriger Stimme
in die Gegend hinaus.
Die Arbeiter trugen ihre
Werkzeuge auf den Straßen herum
die Lüge war
noch nicht erfunden.
Ich rolle meinen Kopf
in jeden Hinterhof.

Blick um mich

Im Traum halt ich die
Flinte meines Urgroßvaters
schieß in den Sack mit schmutziger Wäsche
in totes Blut, in ungeborene Kinder
ziel und drück ab
auf die Figur im Spiegel.
Die Fenster bleiben zu
bei mir, wo ich
allein nicht leben kann.

Im Moment denk ich
ans kleine Abc, ans große Einmaleins
schweig so, daß mir der Schädel kracht.
Steine schaun zum Fenster herein
nackte Weibchen, Kreidestriche
fliegende Autos parken auf dem Mauersims.
Wies mir geht?
Meine Katz kriegt einen Sarg
so groß
wie meine Zelle.
Habt ein Mitleid. Eins genügt.
Muß bald
meine Wolldecke striegeln
einzeln vergehn dann
die Jahre.

Schwarze Gegend

Von oben aus gesehn
erscheint die Erde wie ein Hügel Ruß.
Weiße Wäsche flattert herauf
fleckige Wolkenfetzen
näherkommend ergrauend
naß noch beim Stehlen.
Körpergeschichten breiten sich aus
Himmelslaken, Büßerhemden
Schnitte, Stiche, Nähte.
Der Hauch eines Schreis
hängt an der Leine.

Wo es in die Heide geht, wo
sich Sand und Schlamm vermischen
Regennächte, Wolkenbrandung
wo kein Zug mehr hält
die Augen der Insekten liegen
ausgewaschen, ausgebrannt
wo Wüste um jeden Grashalm wächst
und der Wind kaum noch wogen kann
dort ein Gedicht übers Meer
brunnentief.

Hinter der Wand, den Mauern
drängt sich die Stille des Wassers
alle paar Jahre schürft
eine Wurzel am Stein.
Dein letztes Bild vom Tag
waren die Hütten aus Lehm
brennend wie braune Hügel
die Bäume voll Leichen.
Einmal am Tag ziehst du
die Ketten zur Eisentür
wenn die Klappe fällt.
Und dein Schweigen fragt
was die Erde denkt.

Blut spritzt herauf
aus dem ummauerten Rinnsal
des Dorfbachs, das Blut
einer Kuh, die durchging, hineinfiel
die Hörner ins Schlammbett gebohrt.
Als sei sie schon Leder
ragt ihre Kruppe in die Luft.
Ein Bauer holt ein Gewehr.
Er schießt
bevor der Kirchturm
seine Glocke schüttelt.
Die Ratten unter der Brücke
treiben im roten Wasser
ahnen ein Fest.

Fleischnasen und Sonntagsmienen
bratenfett den Knödel
im Knopfloch, Erbsenkonfetti und
Luftschlangen aus Sauerkraut.
Schwarzweiße Augen
am Farbfernseher
wo Revuegirls strapsen.
Der Arbeiter trägt
ein Studentenkäppi, die Schmisse
sind von der Maschine.
Hochzeit wird gespielt
im Rausch die Scheidung
der Nachbar speit aufs Tischtuch
der Freund schießt ihn tot.

Hartes Spiel

Einsatz die Frau.
Mit Karten gedroschen
mit Würfeln gesteinigt.
Auge oder Zahl
einer wird
sie stechen.

Wenn sie sich küssen, hält er
den Kopf hoch oben, sie
hockt auf seinem Schoß
steinweiß und erdergeben.
Die Liebe macht Kohldampf voraus.
Sein Knie bohrt sich in ihren Rücken
und sie kriegt einen Wadenkrampf.
So schön muß Liebe sein.

Wenn Mühsam als Denkmal
auf seinem Stacheldrahtsockel steht
die Peitsche eines Lagerschergen
zwischen den Händen knotet zu einem Stern
leben wir alle
in einer heimatlicheren Zeit.
Wenn die Bluthunde an den Knüppeln ersticken
die Polizisten weinen ohne Tränengas
und ich seinen roten Bart putze
das marmorne Brillengestell
tritt kein Blut mehr über seine Lippen.
Im Schatten, den er wirft
bleichen Häftlingsnummern
und seine Augen
schaun unbesorgt
hinter die Zukunft.

Kleiner Aufruhr

Gips aus dem Bart kämmend
das Haar ergraut
vom Steinstaub
eine Zigarette und
ein Atemzug Wiese oder Wald.
Das Bier liegt im Keller.
Er legt seine Hände auf weichen Beton
neun Finger
macht Kunst
klebt einen Pfennig drauf
schmeißt einen Ziegel
in den Mörtelmischer
stemmt die Zimmermannsaxt aus dem Dachgebälk
und droht in die Ferne
wo die Häuser
größer als Bäume sind.

Bei mir auf dem Schreibtisch steht
ein Affenschädel, dreht sich nach dem Licht
schaut dem Morgen entgegen, dem Abend hinterher
und
mir ins Gesicht.
Er weiß nichts vom Neandertal. Die Stirnwulst
ist ein Stück von einer Knochenkrone.
Ich steck ihm einen Bleistift ins Gebiß
stopf Altpapier in seine Augenhöhlen.
Ich biete ihm eine Zigarette an, laß ihn
an meiner Brille riechen, ich
wasche ihm sein letztes Haar mit dunklem Bier.
Will wissen, ob er Saurier sah
von seiner Farnmatratze aus.
Er unterhält mich gut, der leere Kopf.
Ich schau ihm in die Nasenlöcher:
weit hinten klebt ein Stückchen graues Fleisch
und trotzt der Ewigkeit.

Stütze

Kalt ist der Fußboden. Du stehst
auf dem Putzlumpen, ich wische
die Küche sauber, koche
in deinen Kleidern
staube ab mit deinen Strümpfen
während du dich
aus dem Fenster lehnst
und schreist: ich brauch
einen Mann.

Nackt und schön
so steht sie
vor verschlungnen Ofenrohren
ihre Haut
klebt am Feuer
ihr Gesicht ist ein Holzscheit
mit Haaren aus Ästen
ihre Zehen sind Wurzeln
die Beine Stämme
Zweige die Arme
in ihrem Schoß voll Blättern
hat der Kuckuck des Gerichtsvollziehers
sein Nest
ihre Brüste sind
Tränen aus Harz
ein kauerndes Reh schaut ihr
durch die gespaltenen Schenkel.

An den Laternen stoß ich mir die Stirn.
Hinter den Mauern sind Gebirge.
Dachrinnen rauschen
waschen mir die Ohren aus
bis ich das Pflaster höre, das knackt.
Aus jeder Ecke kommen Stimmen
sagen Guten Morgen
sagen Gute Nacht.
Hinter den Wänden sind Hügel
ziegelbraun, die Sonnenstrahlen
zittern, prallen am Schatten ab
der tief ist bei Nacht und
schwärzer noch am Tag.
Ich gehe schnell.
Fensterläden schlagen mir in den Rücken.
Beton wächst über die Leichen der Kinder.
Sie haben Reifenspuren im Gesicht.

Schlägt ein Wind, irgendeiner, das Tor auf
und zu, hat der Hof einen Ventilator, der lauen
Schatten bläst. Auf dem Misthaufen
krallen sich dann die Fliegen fest.
In einem Nasenloch ist mir
dieser Geruch haftengeblieben.
Leicht kann ich lügen, sagen
Kinder, damals
war ich dabei, als der Schmied
den Ochs beschlug.
Tore, gezimmert für sieben Generationen und mehr
gegen jedes Wetter, gegen jeden Krieg
gegen Kugeln aus blutigem Eis
und gegen Flocken aus Pulver und Schnee.
Dahinter gebaren Mägde
vergewaltigten Bauern, liebten Knechte
und starben Partisanen
von läufigen Katzen umschnurrt.

Ein Mann möcht ich werden, einer
von denen, die im Herbst
die schweren Säcke schleppten
mit schwarzem Genick
den Keller bewölkten, lachten
und tranken
mit Eis unter den Nägeln
Zapfen im Bart.
So ein Mann
möcht ich sein
Wärme anbringen, Körbe voll Holz
mit Harz dran und Würmern
die auch brennen.
Danke, sagten damals die Leute
rieben sich die Hände.

Wie in einem Spalt leb ich
hinten Morgen, vorne Abend
nie wirds Tag.
Vorn liegen die Leichen
hinten kriechen die noch
die sich Arbeit kaufen, Räusche schenken.
Es ist kein Leben
und es ist kein Tod.
Tagsüber bettel ich um Kerzen
in der Dämmerung um Feuerlöscher.
An meinem Steinschlitz
schürfen sich die Sonnenstrahlen wund.
Manchmal denk ich an Bomben
an ihren genau
berechneten Fall.

Durch dieses Loch in der Hauswand
kroch morgens in der Nacht
einer in jedes Wetter
drinnen preßten sich die Frau
und die Kinder an die rohen Mauern.
Vier Wände, mehr waren es nicht, strich er
mit einer Mischung aus Kalk und Ruß
und Mehl mit Wasser
schwamm in den Tellern.
In Zahlen schrieb er sich auf
was ihm das Dasein schuldig blieb.
Nach jeder Schwangerschaft kroch aufs neue
die Frau hinter ihm her
zur Fabrik mußten sie
bereits wandern.
Schmalz aufs Brot gab es sonntags
und eine halbe Kerze
um sich gegenseitig
in die Wunden zu sehn.

Flur mit Kohl

Roh ist die Stiege, aus Holz.
Kraut schmort in Bohnerwachs.
Diese Armut wurde vom Arbeitermuseum
nicht aufgekauft.
Auf den Stufen liegen
zertretene Tränen.
Abends wird der Wischlappen
zum Kissenbezug.
Im Putzeimer lebt ein Hahn und
kräht wie kein Wecker es kann.

Lichtschacht

Holzwürmer liegen dort
sonnendürr auf den Dielen
Ratten schnauben zornig
und Mäuse werden von einer Wolke erdrückt
die, aufgestochen von Antennen, niedersinkt.
Der Nachbar kocht Gulasch
scheißt Bohnen.
Ausblick. Woher
kommt so ein Wort.
Würden die Dächer fallen
die Menschen sich erheben
jeder mit einem Globusgesicht,
wärs zum Aushalten hier. Aber so.
Keine Frau, die sich auszieht, bei offnem Fenster.

Wenn Nacht aus der Birne springt
knipsen sie das Ganglicht an. Wieder
und immer wieder
zählen die Treppenstufen
die weniger werden, je älter sie werden, warten
auf leichte Schritte, auf die
von Josefine Mutzenbacher oder
von Fanny Hill
während ihre Mütter, die nahesten Frauen
hinter den Wohnungstüren klappern
mit Holzpantinen statt Stiefeletten.
Am Stiegenabsatz besehn sie sich
ihre Scheitel im aufgehängten Spiegel.
Höher reichen sie noch nicht. Dann
kommen Schritte herauf:
die Väter schleppen sich
von der Arbeit heim
fragen, was los
gibts was umsonst?
Und die Nichten der Frau Oberst
bleiben aus, und die sieben Zwerge
ficken zur Abwechslung
Schneeweißchen und Rosenrot, und Aschenbrödel
puttelt nicht an ihren Hosenläden.
Die Nacht springt aus der Lampe.
Sie rauchen noch eine gemeinsam
und wichsen ins Bett.

Aus diesem Pumpenschnabel floß Blut
das wieder ins Grundwasser drang. Damals
wurde das Widerstandsnest im Keller ausgehoben
die Mitglieder an die Decke gesprengt.
Auf diesem ausrangierten Küchenstuhl schöpfte
die alte Jüdin frische Luft, die Windeln ihres Enkels
brannten in der Sickergrube.
In den Mülltonnen lag die Verpflegung, dazwischen
verbotene Bücher, damit das Leiden
einen Sinn bekam.
Alte Höfe können Geschichten erzählen.
Jeder Stein weiß einen Satz.
Dreht man ihn um
ist er voll Blut.

Ein Rad lehnt an der Wand
der Rest vom Henkerskarren
morsche Speichen.
Eine Rübe daneben, schaut aus
wie ein überfahrener Kopf.
Der Scharfrichter jagt ein Suppenhuhn.
Dann ist es doch die Bäuerin
mit einem schwarzen Kopftuch auf.
Und ein Hahn fliegt
höher als die Tauben
sticht herab und zeigt
wie nahrhaft Liebe ist.

Grad sind die Soldaten vorbeigezogen
schon warten die beiden Alten
auf ihren Rekrut.
Der markige Gesang hallt
lange zwischen den Häusern, entfernt sich
verliert sich.
Im Krieg.
Und die Alte legt eine Hand
über die Augen, schirmt die Tränen ab
und der Alte weiß nicht, ob er
rauchen soll, denn nachher
muß er mit ihr beten: daß niemals
Krücken an die Türe schlagen
die Blumen nicht bluten
und die Briefe lang, groß
und lebendig ankommen mögen.
Eben sind sie ausgerückt, rotbackig
vom Gleischschritt und feldgrau
unter der Haut.
Abgeküßt sind sie vorbeimarschiert.
Die Alte hat noch Kaffeeflecken
vom Abschiedsmahl auf der Schürze
und der Alte steht im Sonntagsanzug rum
als gings gleich
zu einer Beerdigung.

Seine Freunde schreien schon wund
haben ihre Weiber heimgeschickt
um weiterzusaufen.
Er schiebt die Hände zum Lohn in die Taschen
übt, breitbeinig durch Augen zu gehn.
Die Freunde brüllen schon
nach neuen Runden
und seine Frau kocht für das Kind
Kreide in Wasser.
Vorn winken die Freunde
hinter gelben Scheiben
stoßen ihm Gläser entgegen
bis er Vergessen und
Erinnerung auf einmal verschluckt.
Die Wirtin wippt mit der Brust
und riecht nicht nach Windeln.

Schweißgerüche ziehn durch leere Zimmer, kalter
Rauch. Spinnen schlagen ihre Netze
zwischen Bierflaschen auf.
Auf der Treppe liegen Möbelbeine
eine Puppe, der man ins Gesicht gestiegen ist
ein staubblinder Teddybär.
Die Möbelpacker atmen wieder, die Eltern
sind beim Hausrat verstaut.
Kinderwägen fliegen zum Gerümpel.
Wer weint, bleibt hier.

Unterm Firmenschild »Holz & Kohlen«
warten sie, stehn wie auf Wache, warten
bis irgendeiner kommt und Geld
ausgibt für einen Griff untern Mantel
hauchen auf fallende Flocken.
Hast du Glück, hörst du sie sagen:
die Hoden der Männer sind Kiesel
kein Schwanz der Rede wert, den Biß.
Zum Warmwerden laufen sie
um Urinlachen mit scharfen
Rändern, verjagen Kinder, die
nach gefüllten Luftballons suchen.
Unterm Firmenschild »Holz & Kohlen«
glimmen ihre Zigaretten
wie verlöschende Lagerfeuer.

Seit wann
sind deine Tränen gelb
selbst dann, wenn du gar nicht weinst?
Hier preßt dich der Sturm in die Häuser, hier
streichelt dich nur der Wind.
Seit wann
ist der Himmel
untern Schornstein gesunken?
Seit wann wäschst du Wolken?
Seit wann läufst du
von einem
Stillstand zum andern, seit wann
folge ich dir?
Uns hat noch nie etwas gehört
trotzdem haben wir alles verloren.

Auf nacktem Rücken schleppen wir
die Peitsche ins Steinzeitgeviert.
Da haben wir
Häuser, Löcher vom Keller
bis unters Dach, da leben wir
von nun an mit dem Tod als Nachbarn.
Im Bauch nehmen wir
das Elend mit, im Kopf
die Krankheit, die redlich
geteilte, keiner
ist ohne.
Angekommen, werden wir
auf einen Haufen geworfen, verstreut
in Ecken und Winkel
die Straßen sind uns verboten.
Wir bevölkern den Schießstand
sind willkommene Ziele
fallen bei jedem Schritt.

Schwarzgeblust die Leichenfrau
tränt sie auf Befehl
ansonsten hält sie als Amme hin
von Alt und Jung gemolken.
Sie erledigt die Liebe
entsamt ihren Mann
wäscht die Schöße der Toten.
Die Gräber füllen sich mit Kindern.

Pflück die Blume nicht
zähl keine Blätter ab
er wird nichts merken, gleich ob du
mit Tulpen, Astern
oder Rosen übern Bauzaun winkst.
Er auf der andern Seite
biegt Eisen in Beton
hat rostige Hände,
angeschweißte Finger.
Ruf seinen Namen nicht
er würde vor Freude
tanzen auf dem Gerüst.

Pause

Bleiche Jacken trocknen
in der Mittagshitze.
Arbeiter sitzen im Schatten
an den Bauzaun gelehnt
kauen im Schlaf.
Das Leben zieht vorbei
nimmt sie manchmal ein Stück mit.
Sie schweigen weiter
können ihren Träumen nicht entgehn.

Zu zweit mit dem Schatten
das wüste Feld verlassen
die Hände vom Werkzeug befreit
den Nachbarn das Gesicht
als Beweis dienen lassen.
Ein Teller, ein Bett, die Sorgen der Frau
die schlafenden Kinden und der Film
im Fernsehn, der beim ersten
Gähnen stockt.
Morgen ist wieder ein Tag.
Und übermorgen schon wieder.
Trennen wir uns diesmal nicht
laden wir uns ein zu uns
und sprechen dort
ohne Arbeit über die Arbeit
und was wir morgen machen
mit einem schönen Abend
in den Knochen
und mit verbrüderten Ideen
im plötzlich wachen Kopf.

Arbeitslos in den Straßen
in denen die Nächte teuer sind
ziehst du vor den Sternen die Mütze
sammelst Groschen im Hut.
Und feine Damen drohen dir mit ihrem Schirm
der gegen Sonne schützt, der gegen Regen hilft
auf deiner Armut einen Schatten hinterläßt.
Wenn dich die Autos jagen
Schuhe nach dir stoßen
bist du schon hinter den Letzten zurück.
Wenn blau der Abend niederschmettert
und Würfel über Karten rollen
schreien deine Kinder die Gasse zusammen.
Und deine Frau klappert
das Pflaster vor den Kneipen ab
sucht dich, lockt dich, verkauft sich
für dich. Der Schlaf flieht
wenn du deinesgleichen triffst
zornig vom Betteln und fertig wie nach hundert
Überstunden. Arbeitslos in den Straßen
vor den prächtigen Lichtern
kaust du deinen nassen Bart.
Wenn dunkelblau der Abend niederschmettert
den Tag nicht löscht, dann ist der Morgen
die Erinnerung an einen verlornen Traum.

Kommt rein, kommt alle herein.
Kocht auf meiner Schreibmaschine.
Hund und Katz legt euch
auf meinen Bauch.
Die Alten kriegen den Platz an der Heizung
Kinder schaukeln auf der Lampe.
Die Eltern packen Werkzeug
und Essen aus, ich hab
bedruckte Servietten.
Das Lexikon wird zum Schneidbrett
und traurige Gedichte
ersetzen die Zwiebeln.
Ich tipp das Wort Fleisch, einen Satz
in dem Gemüse und Salat vorkommen
mach tausend Kopien
und wir füttern uns und schlafen
aneinandergelehnt.
Kommt herein, rein mit euch.
Bügelt auf meinem Schreibtisch
sonnt euch am Fenster
trennt den Teppich auf
knüpft Fußlappen draus.
Unterm Himmelsdach
sind die Erdteile Zimmer.

Die Beine gestreckt bis zum Straßenrand
die Hände flach
auf den leeren Taschen
so hock ich mit ihr vorm Hauseingang.
Da nehmen wir nur
der Sonne den Platz weg
halten die Köpfe in den Schatten
die Füße ins warme Licht.
Der Arsch geht auf Grundeis
mehr ist wirklich nicht.
Liebe Leute, ich und die Frau da in meinem Arm
wollen Küchendüfte um uns wehn lassen
Kopftuch und Krückstock vor Augen haben
keinen andern Besitz.
Meine Zehen sind Bierbüchsen
ihre Finger Stricknadeln.
Laßt euch nicht stören, lebt vorbei.
Ich und die meine, wir
rasten hier aus
angeln im Pflaster
nach dem alten Schuh.

Wie sich da immer die Balkone bogen
Ziergitter brachen, Wäscheleinen rissen
Topfblumen zitternd in die Tiefe schwebten
wenn er den Hof betrat
die Quetsche geschultert.
Wie da die alten Frauen in den Fenstern weinten
sich in die Greisenhände schneuzten
getröstet von ihren Hunden
wenn er unten sang.
Wie er dem Groschenregen trotzte
und sich verbeugend Münzen zählte
seinen Schatten wieder
auf die Straße zog.
Wie da die Häuser
auf die andere Seite sanken
wenn er
die Gassen klangvoll verschob.

Eingetieft

Geh übern Fußabtreter
aus Rattenfell
nimm den Frosch
von der Klinke der Kellertür.
Unten wirst du
die Uhr zurückstellen auf Nachtzeit
einen Mantel verlangen, Gummidecken
und eine Extraportion Ozon.
Schuhe stoßen dir auf die Stirn
wenn du aus dem Fenster schaust.
In den Ecken steht noch
ein Rest Wasser vom letzten Regen
mit Flößen aus Schwamm
und Inseln aus Moos.
Wie ein Schiff
schaukelt die Wohnung
im Boden.

Kommt wieder eins an
aus der Brauerei
breitgefüttert, langgezogen
kriegt Finger in die Nüstern
gehakt und einen Bolzen hinters Ohr
keinen Zucker aufs Gnadenbrot.
Und noch eins
eins aus dem Bergwerk
stollenblind, kohlschwarz
die Knochen von den Loren zerschrammt
scheu vom Licht, durcheinander vor Freude
draußen zu sein.
Es kriegt die Axt
wie ein Horn in den Leib
wird nicht gegerbt
der Wunden wegen.

Schön wärs, hätten wir dann
noch die Kraft und könnten
uns tragen, du mich oder
ich dich, abwartend, wer
der Erste, der Letzte wird.
Ich ließe dich nicht
in der Stadt begraben
würde dich in weitere Landschaften tragen
nicht unter Steine legen.
Dorthin würde ich dich tun
wo Brot auf den Feldern wächst
die Wälder schweigen und
der Himmel wärmt.
Schön wärs, würden wir miteinander
sterben, an einem ausgesuchten Platz.
Schieß, wenn man mich
zum Krieg zwingen will
vergiß mich, wenn ich unfrei sterbe und
nicht durch eigne Hand.
Schön wärs, hätten wir keine Angst
könnten lächeln, als wüßte
einer von uns den Weg.
Du wirst hinter keinem
Schaufenster ausgestellt
nicht unter Schnittblumen verscharrt.
Ich will Moos für dich, Blätter
und wenn es ein Kreuz gibt, dann
muß es aus Rinde sein.
Hoffen wir, daß wir uns nicht überleben
erst im Erträumten sterben.
Schön wärs dort, wo Flüsse ins Meer gehn

ein Streifen Wüste im Hintergrund
den Abschied erleichtert.
Wir werden leicht ruhn, fröhlich und still.
Ich fürchte mich vor der Angst
daß wir getrennt werden
schon zu Lebzeiten
eine Ewigkeit mehr.

Dame ohne Unterleib

An sie, die Schöne, an sie
wird der Pelz, der Stock, der Hut gehängt.
Unterm Bauch ist sie aus Holz, hat dort
drei geschwungene Beine.
Oben fehlt ihr nur der Kopf.
Ein leidiges Leben hat sie
steht im Eck hinter der Tür.
Früher stand sie auf der Straße
träumte kopflos
vom Schaufenster eines Teppichhändlers
von Leuten im Nebel.
Jetzt hängt ihr ein Schirm am Hals
eine Aktentasche mit Liebesbriefen.
Ihr Busen bröckelt ab.
Und sie hat Angst
vorm kalten Hinterhof
wo Hunde ihre Beine heben.

Was kommt da vom Himmel?
Eine Bombe, eine Schwalbe
ein Stück Glut, ein Eimer Regen?
Was?
Sinkt ein Fallschirm herab
oder hängt ein Kondensstreifen zu tief
ist es der erste Regenbogen
seit hundert Jahren
der vielleicht wieder alle Farben besitzt
oder gar nochmal dieser berühmte Komet?
Macht Platz, vom Himmel kommt was
ein Luftschloß womöglich
das unsre Hütten verschönt
eine Seifenblase
die das Mauerwerk wäscht
oder ein UFO oder
ein verschollengeglaubter Zeppelin.
Was kommt vom Himmel?
Eine Wolke, die Schätze mit sich führt
ein Nagel vom Kreuz
ein granatenlegender Wetterhahn
ein winziger Stern?
Paßt auf, daß euch kein Eisberg trifft
vom Mond gesprengt, nicht der Helm
eines Weltraumkriegers.
Hat es Flügel, ist es eine Sense
ein Taubenei, von der Sonne
reif gebrütet? Nein.
Es ist Sand
mit fliegenden Fischen.

Eine Taube drückt ihm
den Helm in die Stirn
ein Engel führt seinen Gaul am Zügel.
So reitet er dahin
auf dem Sockel
ein Standbild, aus Erz getrieben.
Unterm Feldherrnquader
ducken sich Löwen
liegt ein nackter Leichnam
die ungepanzerten Rippen
in die Stufen gekrallt.
Den Reiter bewacht man vor Steinen und Spucke
wehrt Brechstangen ab
keine Kugel trifft im Nachhinein.
Er ist kalt
altert nicht mehr
starrt in die Ferne
zu neuen Gerüsten
wo über Nacht
seine Nachfolger stehn
bemalt mit den Farben von Fleisch und Blut.

Wie in Atlantis jetzt
die Straße nach dem Regen
gemacht aus einem Himmel
der noch niemals heiter war.
Ich hätte Lust zum Brückenschlagen
Lust auf Kahnpartien: Taubenschwingen
wären die Segel.
Lust hätte ich auf einen Schiffbruch
auf dem Ozean des Pflasters.
Wie in Atlantis
müßten Ratten und Frösche tanzen
der Park zur Lagune werden
von Denkmälern frei.
Ich würde hinabtauchen zu den Brücken
könnte vom Geländer weg nach oben springen:
an Grabkreuzen ankernd
die Welt verstehn.

Morgens hängen Betten aus den Fenstern
Fruchtblasen voll Federn.
Nachtgeschirr treibt im Fluß
und fröstelnde Frauen scheuern
mit rauhem Nebel die Böden.
Bei Regen wächst das Heu aus den Wellen.
Stromaufwärts liegen die sumpfigen Wiesen
ist ein Fabrikschlot
der längste Halm.
Schwarzes Brot und blaue Milch
kommen von dort, bissige Wolken
die kein Seufzer auseinandertreibt.
Nachts schäumt der Fluß
wirft Blasen und Gräten, seifig zernagte
und Heimatlose wälzen sich
im Widerschein der Sterne
fluchend im Schlaf
bis die Glocken schlagen
daß selbst die Toten erschrecken.

Fleisch fällt aus den Taschen
auf die Früchte der Erde, der Meere
Äpfel mit Trieben
Häute, die weinen, wenn das Messer sie schält.
Es staubt noch der Acker
aus dem Plastiksack fällt Fleisch
blutig und roh.
Zur Ablenkung ein Beil im Gewissen
räuberische Gedanken, Erinnerungen
an Frühstücksgelage mit Schmalz und Speck.
Über der Zunge im Hirn
steckt der Geschmack
von schönen Träumen von schönem Fleisch.

Wo die Füße der Kinder nackt sind
und Schuhe Reichtümern ähnlich
wo man des Nachts den Kopf
auf die Schnürsenkel bettet
das Messer unter den Sohlen verbirgt
dort denkt keiner ans Wandern
und jeder an Flucht.
Wo die Riemen der Sandalen
an Hüttenwände genagelt sind
und Lastwagen wie Riesenstiefel scharren
wo Sommer und Winter die Hornhaut gerbt
dort geht selten jemand bis zur nächsten Ecke
um Unbekanntes zu sehn.
Dort kratzt man sich mit den Zehen
die Träume aus den Augen
verkauft sein Haar wie Fell
baut sich Stelzen
aus Mist und Lehm
und beneidet die Esel
um ihre Hufe.

Täschchen schwenken sie, aus Krokodilhaut gestanzt
wandeln unter Schirmen aus Papageiengefieder.
Alle haben sich
Hüte aus Libellenflügeln aufs Haar geklebt.
Eine sinkt in die Hocke und pflückt Rosen
aus dem Wassereimer der Marktfrau, hat dornige
Hände, stachlige Finger, gern lassen sich
die Kinder von ihr durch die Wolle streicheln.
Andere welken unter Schminke
schreiten starr im steifen Stoff
haben ihre Stöckelschuhe mit Eisen erhöht
legen ihre Zähne über Nacht in Parfüm.

Sie schlugen für uns
ein Zelt im Garten auf, sie gruben
Höhlen in die Beete
das Haus holte Stein
für Stein der Gerichtsvollzieher.
Eine gab es
der schlief der Mann betrunken auf dem Schoß
sie hatte das Bett versetzt
für seine Ohnmacht, seine Räusche.
Meine Mütter liebten, weinten stets allein
küßten Fäuste vor dem Griff ans Geschlecht.

Es ist weit.
Das Moos quietscht an sumpfigen
Stellen wie die Straßenbahn.
Die Axt am Busen
so bückt man sich hinab zu jungen Tannen
hat Wipfel im Schoß, die man spürt.
Es gibt Geister, grüne, zart wie Schatten
die das Laub in die Säcke tun
das daheim dann wie ein leichter
Klaps den Hintern wärmt.
Den Wagen im Schlepptau
schlägt die Stirn gegen das Knie.

Der Himmel hängt ihr ins Gesicht, bleigrau
türmt sich auf ihren Lidern Wolkenwatte.
Zu weinen traut sie sich
nur wenn die Kirchenglocken dröhnen
mittags unterwegs mit dem Suppengeschirr.
Ihr Mann springt aus dem Graben
Lehm klebt an ihm wie dickes Blut.
Sie schaut ihm zu
wie er das Paar
Fettaugen zwischen den Schwielen zerreibt
die Knochen unterm Pickel
mürbe klopft
das Mark ausschlürft.
Warm ist das Stück Brot
das sie am Leib wie eine dritte Brust getragen
die Rinde vom Herzschlag zerbröckelt.
Die Erde hängt ihr an den Schuhen
wenn sie zurückgeht und den leeren Topf
mit ihren Tränen spült
dem fernen Abend entgegengeht
ihr Fleisch für die Liebe bereitend.

Wie durch die Steppe
schiebt sie die vier Räder
mit dem Waschkorb drauf.
Die Säcke drin sind aus Papier, das aufgelesne Holz
aus Pappe, der Wald
am Horizont gehört zum Plastikpark:
in ihm tanzt einbeinig der Ziegenbock.
Schwer schleppt sie am Traum
vom gußeisernen Kanonenofen.
Wolken wehn ihr ans Herz
das zuckt beim Biß des Säuglings
der wirbelnd zittert
in seiner blauen Haut.
Der Anblick eisiger Flüsse
läßt sie erstarren
Herbstzeitlose und Schneeglöckchen
haben an ihr keinen Platz.
Wie über die Steppe
schiebt sie die Wiege auf Rädern
wandelt wie eine Glocke
in ihrem dicken Rock.

Aus der Haut schießen Pilze
Blumen blühn unter den Nägeln
der Schoß wird zur Quelle
aus der es winzige Monster schwemmt
vom Mars oder anderswoher.
Die paaren sich mit dem Rest der Tiere
tanzen auf Fernsehturmzinnen, tollen
durch Büros und Fabriken
schwängern Maschinen.
In unsern Augen kochen sie Tränen
hobeln uns Köpfe und Bäuche
zurück auf normale Gestalt.
Endlich können wir wieder
auf Händen und Füßen gehn.

Am Fuß der Mülldüne
liegt die Stadt
an ihren Mauern sind
die Schatten wie Tore.
Auf Karren schaukeln
die Körbe mit Kräutern
gut gegen Bauchweh und besser noch
zum Mischen mit Schnaps.
Aus den Beeren treten süße Tropfen
Marke Eigenbau gärt bald in Glasballons.
Man hält die giftigen
Pilze griffbereit, überlebt
als das stärkste Geschlecht.

Kennst du die Hitze
den Mörderstich der Fliegen?
Gab es ein Feld
wo blanke Brüste rollten beim Stemmen
der Garben zum Wiesbaum hinauf:
ich erinnere mich nicht.
Was es gab
waren Blicke unter Röcke
wenn die Mägde
sich bückten nach gehäuteten Gliedern.
Die Liebe im Kornfeld ein Märchen
wenn man Getreide drischt
die Körner zählt wie Samentropfen
auf das Blatt der Sense.

Abend

Vom Acker kommt ihr
habt große Steine im Korb
und kleine Kartoffeln.
Rauh sind die Knie
vom Kriechen durch die Furchen.
Würmer habt ihr zerrissen
Erde zerbrockt, Mondstrahlen
mit schwarzen Tüchern verhängt.
Ihr kommt vom Acker
mit Käfern im Haar und hornigen Händen
daheim, das weit weg liegt
kocht schon das Wasser.
Gras für die Hasen im Käfig unterm Bett
reißt ihr am Weg aus
denkt an die Mäuler der Kinder
im Einzimmernest.
Manchmal rascheln Drachen am herbstlichen Himmel
wie die Schleifen am Kranz.
Jede von euch trägt ein Stück Acker im Korb
zu wenig Erde für ein Grab.

Ja, mein Herr, mein Gott, so
leben wir: Mein Mann der
prügelt mir fremde Kerle ins Bett
das er mit mir nicht mehr teilt.
Ich habe mir die Bäume gemerkt
an deren Ästen Seile hingen
ihre Wurzeln umschlungen von Knochen.
Für mich sind der Tod
und das Leben dasselbe:
wie Kinder.
Die Wahrheit ist mir zu laut
ich kämpfe um Luft.
Butterblumen streiche ich aufs Brot.

Qualm an den Horizonten
jedes Haus eine rauchende Säule
die Wolken brannten wie Werg.
Die Toten im blitzenden Draht.
Funken sprangen aus ihren Augen
Stacheln aus ihrem Fleisch.
Nun haben wir Häute, Seife, Kleider
Hüte aus Haaren und Goldzahnschmuck
sagen Dank und sahen
wie Bomben weiße Leichen
aus den Kalkgruben sprengten.
Wir haben Uniformen gegrüßt
und Metzgerschürzen, liebten unsre Freunde
aus Angst vor Gewalt.

Liebeserklärung

Und koste es mir die halbe Leber
Herzblut, klare Tränen, über dich
schreibe ich: so wie du
einen Kinderwagen über die Brücke schiebst
daß das Geländer zur Dachrinne wird
genau so beschreibe ich, was im Staub
meiner Augen lebt.
Groß wirst du auf einmal im Schatten der Mauern
breit vorn am Bauch
und ich, ich bilde mir ein, zu wissen:
zwischen deinen Schenkeln weinte schon
so mancher Mann aus Liebe.
Ich erdichte den Geruch deiner Haut, verzeih mir.
Das Leben dreht sich um
Kraut, Rüben und
havarierte Erdöltanker
aber nur heute.
Morgen wird dann schon wieder gestern sein.
Und du schiebst dein Kind auf die Straße
zwischen das stinkende Blech, während Kälber
und Fohlen die Ställe verlassen
dir folgen über Wiesen voll Heu.
Nur durch dich geht dieser Tag immer wieder
am Anfang auf.

Ich wünsch mir, ein plötzlicher
Wind möge mich packen, warm
vom Umkreisen der Sonne
mich hinausheben, hinauf
über Straßen und Dächer.
Nach einem alltäglichen Griff in den Kleiderschrank
reisefertig sein, wie verwandelt.
Ringsum fressen Menschen
Wald und Meer.
Kinder werden mir folgen, alte und junge
eine Freude wird sein in den Gräbern
auf denen die Kreuze erblühn.

Später Brief

Nichts habe ich getan, trotzdem
bliebst du im Krieg.
Er hat mir die Kinder gelassen.
Mehr Marken als Essen
noch ein Kind und die Not
keine Nachricht mehr von dir.
Ich dachte jede Nacht an dich
als eine andere Frau.
Ich habe dir nichts als Gefangenschaft gewünscht
und unser Hochzeitsbild und dich
in Uniform verbrannt
deinen Tod empfangen, bestätigt.
Wo hast du dich vergessen?

Unterhosen, knieeng, halsweit
unterm wäscheleinenverschnürten Himmel.
Ein Gedicht auf eine Unterhose.
Man denkt ein Dreieck in Liebestöter
an Kränze toter Runzeln
an Waschmaschinen für den Unterleib.
In den Tiefen des Gewebes
erscheinen Bilder mit Büffelherden.
Die Beine gleichen irgendwelchen Fahnen
fliegendem, flatterndem Flor
abgetragen vom sterbenden Fleisch.
Verstecke hängen im Wind, Geschichten
der Weltschmerz ist dingfest gemacht
man nagt ein Herz ins Geblümte.

Im Mai

Bin ich ein Saurier mit Krebs?
Kann man mit Ketten Wunden verbinden?
O lärmende Eiszeit.
Tod wächst mir in die Augen.
Bin ich noch Natur?
Stamme ich von Landschaften ab?
Was hindert das Leben?
Ich beiß nicht ins Gras, ich beiße
in Kugeln, in Steine.

So ein Paar, so eins
aus Kreide und Kreisen
auf einer Bretterwand
Strichmännchen, Strichweibchen
mit ineinandergemalten Fingern
weiß wie Eisvögeltatzen.
Sieben Haare auf dem Kopf
die Augen zerrieben, abgewischt die Nasen
Astlöcher zwischen den Beinen.
Wenn »ich liebe dich« daruntersteht
soll man der Lüge glauben.
Ich wünsche eine schöne Sekunde
bevor der Plakatkleber kommt.

Sofa

Wie oft lag der Mann da, müd, nichts träumend
bis seine Knochen ins Geschrei der Kinder krachten.
Wie oft holte er seine Frau
zu sich auf den Schoß am Sonntagnachmittag?
Wie oft lag die Frau nach der Arbeit
in Schweiß und Tränen auf diesen Polstern
horchend auf das Neue, das ihr nachwuchs
im zerknitterten Bauch, hängend am Kreuz
das sich willig ins Kissen krümmte?
Wie oft träumen Tiere von solchen Lagern
wie oft stirbt ein Mensch darauf seinen Tod
den Fußkeil im Gesicht beim Kopfstand der Schmerzen?

1

Sie reißen Wälder nieder
rauben Sand
für Straßen, Mauern
pferchen uns unter Dächer
laden uns Dreck ins Gemüt:
sie, die selbsternannten
Verwalter der Erde.

2

Sie nahmen uns Pflanzen und Tiere
den Pflug und den Pfeil
gaben uns die lauten Waffen
für die Jagd nach Besitz.
Diese Zeit wird noch lange dauern.
Wir werden schnell am Ende sein.

3

Endlich einmal wild, ein Wilder sein
Vögel und Fische in die Haut tätowieren
und Blumen natürlich und Bäume
das Gesicht mit Leidenschaft bestellen.

4

Wie Banditen der Revolution
verrückt vom Bewußtsein
müssen wir uns machen
jeder ein vollkommener

Gegner seinen Feinden.
Wir müssen schwarz und Indianer werden
Gefolterte, die nicht foltern
und töten und sterben fürs Leben
weitab von den Festreden wortreicher Einzelgänger.

5
Wir müssen auswandern
aus Kopf und Herz
in die Fieberstürme der Gefühle reisen
bevor wir versteinern

6
Wir brauchen Flügel
aus der Brust wie Säbel und Lanzen
einen kräftigen Rücken
mit Stirnschalen gepanzert.

7
Unsere Höflichkeit ist Teil der Angst
schalldicht der Leib
gegen die Schreie von innen.
Wir verdämmern im Abglanz der Wirklichkeit.

Trinkerbild

Er schläft gern in diesem Rausch
er mag das Streicheln seiner Hände
über den Straßenkot, er träumt sich etwas vor
zwischen Balken und Flaschen.
Tage voll Regen und Spucke, Nächte
voll Urin und liebloser Frauen:
vorüber wie die Blitze der Erinnerung
an Zeiten, als das Blut sich noch
befreien wollte zwischen Arbeit und Krieg.
So hockt er und trinkt
was er sich vom Maul abspart
säuft und denkt
an die Ähnlichkeit von Feuer und Eis und daran
daß jeder sich kurz vorm Tod noch liebt.

Voll Flaschen die Tische, voll Schlaf die Gesichter
Blicke und Worte so leer wie der Rauch.
Krampfadern hat die Bedienung und hinkt.
Die Alten reden von Arbeit, die Jungen von Geschäften
und Frauen betteln vor der Tür
um eine Tasse Wein.
Die Mädchen verlangen
Geld für die Liebe.
Keiner schimpft über Politik, keine kennt
den Doktor vom Gesundheitsamt, alle träumen
von Ochsen, gefüllt
mit Hopfen und Trauben
am Spieß über Kerzen, denken
an Himmelspritschen im Nachtasyl.
Wenn die Kneipe schließt, stirbt man durch
bis zum Morgen.

Fluchtweg

Einen Sommer lang gehn
durch Heide und über Gebirg
sich vom Wegrand ernähren
segeln durch wogendes Getreide
immer den Vögeln nach und den Sonnen
bevor sie ausgerottet sind.
Man muß erfahren haben
welche Welt vergeht.

Es bricht nur Sand und Schlamm
aus dem Ufer und schneidendes Schilf.
Ein Pferd mit Wagen spiegelt sich im braunen
Wasser, Hufe, Räder, fett vom Lehm.
Fliegenblind erwartet es die Peitsche
den Schatten im Stall.
Es ist heiß und der Fluß
dampft wie kochender Nebel.
Grüne Flaschenscherben hängen im Netz.
Schuhe schwimmen vorbei, Hüte, manchmal
ein Gartenstuhl und öfter im Jahr
hängt am Haken ein Arm oder Bein
von den Liebesbissen der Mörder zernagt.
Wie gehäckselt flirrn die Wolken
ein Ölfaß mit Segel zieht weltwunderhaft
um eine Biegung des Horizonts.

Da stehn sie noch rum
im Laubregen, im Glühwürmchenhagel
Zigaretten streichelnd
feiernd das Abschiedsfest.
Freundinnen warten
bis sie Bräute, Witwen werden
mit Nachwuchs im Bauch
für Fabriken und Fronten.
Morgen sind die Hosen zu kurz
die Helme zu groß
zu gering die Kraft
fürs Geldverdienen.
Daß keiner weint
das ist die erste Heldentat.
Da stehn sie dann
immer noch barfuß
in Stiefeln bis zum Knie
auf den Kriegspfad geht es
nicht im Gänsemarsch.
Noch heute abend wachsen ihnen Haare ums Geschlecht.

So zu träumen wie du
wäre mir schon als Wunsch genug.
Du malst ein Bild in den Sand
in dem du auf einem Spiegel
Schlittschuh läufst.
Jeder Junge soll für dich
angeln nach Fischen im Pflaster.
Wenn du singst
landen Schmetterlinge auf deiner Zunge.

Ausstoßend ein seliges Gurgeln
durch die Schußkanäle in Rücken und Brust
so möcht ich das Schlachtfeld Erde verlassen
mich bis zuletzt verbürgend für die Schönheit
totgefickter Soldaten.
Gradeaus möcht ich die Welt durchrasen
um hinzukommen wo
Gerippen schöne Bäuche
bei der Arbeit wachsen.
Kein Regenbogen peitscht sie aus.

Kinderglück

Immer mit Männern, alten, die hart rochen
nach kaltem Tabak, Todesschweiß
denen Gicht die Beine bog
deren Augen Nester waren für den Grauen Star
mit Narben unter der Wäsche
Eintritt und Austritt, Kugellöcher
und soviel Arbeit im Leben, daß sie nie wußten
von welchem Tag sie erzählten.
Sonntage der Schweinebraten
niemand träumte laut
alte Frauen spielten
in den großen Puppenküchen.

Licht leuchte
auf die Stadt. Auf uns
die wir auf der Straße liegen
in den Farben blutender Blumen.
Wir liegen hier, weisen Geschenke zurück
unsre Kinder lachen
über jeden Befehl.
Wir waren ein Leben lang unterwegs
wetzten die Messer an unsern Zähnen.
Schiffe haben wir versenkt
wilde Rösser gezähmt
die Freiheit hat uns getragen:
Wir hielten die Sonne mit dem kleinen Finger fest.

Ab und zu bräunt einer
seine Faust an der Sonne.
Wenn jemand schreit
treten die Redner nicht auf.
Die Fahnen bilden ein Zelt.
Zwei einzelne sind Masse
der dritte schon ein Feind.

Immer noch spielt
der Vorhang die Hauptrolle.
Wenn er fällt
kehrn die Putzfraun
abgeklatschte Hände zusammen.
Vielleicht träumen sie
von zärtlichen Liebhabern
die verliebte Dialoge flüstern
sich vor ihrem Fleisch verbeugen.

Sonst ist es voll hier
dämpfig und eng
schreit jeder Prost Strauß
und Heil Hitler dazu
säuft was das Geld hält und frißt.
Ein leerer Biergarten
ist ein Paradies.
Da lüften die Kastanienbäume ihre Wurzeln
wie ein Leuchtturm steht
der Salzstreuer auf dem nassen Tisch
und Regentropfen glätten
das schrundige Holz.
So viel Platz, weiches Kies, so viel Ruhe
ehe wieder der erste Sonnenstrahl
besungen wird, um sich Durst zu machen
Kinder Rettichtränen greinen
Frauen mit Dackeln die Brotzeit teilen
das Fußballvolk aus den Lautsprechern schreit
und die Bedienung in die Krüge schwitzt.
Ein leerer Biergarten
an einem Regentag
ist wohltuend wahr.
Allein unterm Sonnenschirm
hört man dem Wind zu
und bestellt sich
den nächsten Wolkenbruch.

So gegen Morgen rum
wenn Tageslicht die Lider quält
kommt jemand rein und bringt
Tabletten zum kleinen Kaffee.
Man weint nicht und lacht nie.
In den Gesichtern ist noch Nacht
wie eine Stechuhr rattert
der Spielautomat.

Man lebt nur einmal, das
weiß ich ganz genau
bis Erde auf mich fällt.
Das Dasein ist hart
Arbeit und Schnaps.
Und Liebe
geht nur mit Bier.
Gern verlier ich den Kopf
in schönern Träumen
blühe begossen.

Hinter uns liegt die Zukunft
und alle, aber auch alle
starren nach vorn.
Dort holt wieder einer
die Peitsche aus dem Zylinder
wirft Zuckerl unter die Leut
verspricht das Blaue vom Himmel herunter.
Affen läßt er tanzen, Bananen regnen
und jeder von uns lacht so laut
daß er ja das Klirren im Kopf nicht hört.
Er verschenkt Augenbinden
unter rauschenden Bomben.
Er ist rot in der Nacht
und schwarz am Tag
hat Zeit
mehr wie wir alle zusammen.
Er verbeugt sich
damit wir sein Lächeln nicht sehn.
Dann geht er ganz offen
in Deckung.

Alles war einmal
immer wieder heute.
Wir schreiben Briefe an Fremde
fahren uns im Auto aus dem Weg.
Keinen Quadratmeter Stadt besitzen wir:
wir steigen über Frauen ins Bett
riechen nach Räuschen und scheppernder Musik
unsere Feinde leben noch immer
besser als wir.
Es sieht so aus, als hätten wir verloren
wir arbeiten jeden Tag und nachts
träumen wir davon und merken uns nichts.
Alles war einmal
halbwegs schön
Schläge, Tränen schnell vergessen.
Die Alten hielten die Tür auf und wir
rissen aus in die Fabrik.

Aufgabe

Ich gebe nicht auf. Ich
weine fröhlich.
Ich vermeide den Umgang mit Sprache
halte meinen Körper fest im Schlaf.
Ich werde brav sterben, fleißig sein
bis zuletzt, grauenhaft schelmisch
bitten um etwas Senf
zum Papier.

Rennt nur im Kreis
unterm Sommermond
ihr leidet länger
als ihr lebt
euch schneidet schon
der Schatten des Messers.
Ihr kämpft im Bett
schießt im Krieg
weint auf Bestellung
betet um Arbeit.
Ihr habt glückliche Feinde.

Eheanbahnung

Er kommt
einmal bestimmt, ganz sicher
der Märchenprinz aus dem Arbeiterviertel
führt dich aus ins Kino, zum Schafkopf, ein paar
Halbe Bier, Würste mit Kraut, dann Disco
ein Fick im VW.
Endlich kannst du sagen: bring mir Blumen mit
ich bin krankgeschrieben
wegen dem Ding zwischen Magen und Herz.

Unser Zelt
besteht aus Tapeten
ein Eck Sonne ist drauf, ein halber Stern, die Wolke
ein Wasserfleck.
Jahrelang erklären wir uns schon
daß die Häuser keine Räder haben
daß uns die Beine gepfändet wurden
und die Kunst der Armläufer nicht
auf jedermann übertragbar sei.
Kann unser Schweiß Flüsse bilden
hin zu den Tränenströmen fließen?
Unsre Zungen leben in Büchern
lecken Fremde
fernes Land.
Komm schon, ich geh mit.
Unsre Träume werden
Seifenblasen im Stahlmantel sein.

1
Jeder ist gemeint, du und ich.
Unsre Armut hat sich verlagert
vom Bauch ins Gehirn.
Wo die Alten für
unsre Zukunft kämpften
jung starben
für dicke Autos, volle Teller
dort, in ihrer Vergangenheit, war ich
jetzt die ganze Zeit
es hat mir gut genug gefallen.
Bin nun unterwegs
in ein Land ohne Fernsehantennen
wo die Nachrichten
an Bäume genagelt sind
in denen es heißt:
alle wurden geboren
und niemand brauchte zu sterben.
Wir, du und ich, mit Büchern in Rucksäcken
auf den Wanderungen vom Leben lesend
von Streiks, von Revolutionen, an die sich
unsre Natur gewöhnen muß, wie ans Bittre
das gesund ist.
Karl und Rosa, ihr Verehrten
heute kann ich
die Gestrigen lieben
kommen in meinen Träumen zuviel Särge vor.
Diese Liebe hat mir
hunderttausend Schmerzen vererbt.

2
Die Heimat, dieses KZ.
Autobahnleitplanken als Stacheldrahtersatz
Regierungstürme, Schießanlagen
und Fabrikirre ohne Schuld.
Drum besuchte ich euch Gewesenen
an jenen Orten und zu jenen Zeiten, als zwischen
den Städten noch Dörfer lagen und zwischen den Dörfern
Tage und Wälder.
Da habt ihr das Pflaster gelockert
seid gegen den Marschtritt gestanden, habt euch eure
Geschichte erkämpft, auch wenn ihr verlort.
Bin noch immer besessen vom Wunsch
euch zu rächen
die Schlachten zu schlagen
unter neuem Befehl.
Bin nicht mehr bereit
an meinen Träumen zu zweifeln.
Diese Zeit jetzt, furchtbar als Gegenwart verrufen
baut die Häuser höher
die Dächer
aus Eis.
Die Sterne sind Lagerlampen
die Sonne ein Verbrennungsofen
eine Kalkgrube die Milchstraße.

3
Liebe ist die Angst vor der gewaltigeren Leidenschaft
hat die Gedanken an Tod und Tote verdrängt
war warm wie Freundschaft, lau wie Nachbarschaft
war der milde Nebel im Fotoalbum
das nur Kleider und Mauern zeigte
Gesichter und Blumen
den Wünschen hoffnungsfroher Phantasten
entsprechend.

4

Wo kann ich mein Zerstörtsein einklagen
wo ist das Fundbüro für das, was mir
gestohlen bleiben kann?
Und wann fahren alle
Züge zurück
fliegen alle Autos auf den Mond?
Wann zeigt sich die Sonne so rot
wie entbunden?
Wann hat mein Jammern ein Ende
haben meine Klagen den Anfang?
Hinter der Erinnerung
liegt ein unentdeckter
ungehobener Schatz.
Ich hab deine und meine Ahnen erforscht
sie standen unter Waffen, oft
auf der falschen Seite
trugen ihr Leben, das nur aus Arbeit bestand
wie eine Last, wie einen bebenden Berg
auf dessen Gipfel wir sind.

Ich, aus dem salzigen Sand rufend, der
die Augen verätzt, schreiend im schwarzen Wind,
berichtend vom Glück der Blinden, die
die unwirtliche Trostlosigkeit nicht erkannten
ich stemme meine Stimme aus Sturm und Nacht, sage:
Gottes Schädel lag in der Wüste
lag da wie ausgedacht
und selbst die Rinderknochen täuschten nicht.
Er lag in Afrika
im Gebiet wohnungsloser Haustiere
Gottes Schädel war ein weißer Knochenhelm
aus jeder Augenhöhle strahlten ein paar Sonnen
durch die Heuschreckenschwärme.
Rings um den Schädel
lagen Kugeln aus Blei, rote Haare
Sonnenbrillen Marke Woolworth. Ich aber
verstecke mein Gesicht hinter meiner Stimme, brülle
die Wahrheit heraus: man hat Gott
erlegt in jeder Tiergestalt
vom Hubschrauber aus
bis der Mond auf die Erde fiel.

Isla de Negra

Für Pablo Neruda

Ich habe dir zu danken, du hast mir geholfen.
Du weißt es nicht.
Du hast die Welt gesehn, vor mir,
überall hattest du die Heimat im Kopf
mit Wäldern und Wassern, schönen Steinen.
Eines hast du mir gelehrt: Stürme
sind die Revolution der Natur.
Das Meer und der Wind
der zweistimmige Gesang
eine Frau im Sonnenlicht, ach
manchmal wünsche ich mir
dein Grab, diese Insel.
Auf den Osterinseln war ich mit dir
im Salpeterbergwerk, vor den Panzern.
Ich danke dir
für meine unerträumte Autobiografie
du Dichter – weiß nicht welcher Gnade.

Ohne mich
käme ich weiter
mit dir vielleicht
ganz ans Ziel.
In keinem Land der Welt
stehn Barrikaden unter Denkmalschutz.
Da fällt mir ein, noch nie
hab ich schreiben dürfen, Genosse
hol mich vom Bahnhof ab.
Es ist gefährlich
den Kopf zu erheben
zu sagen, ich leide
an einem lieblosen Gemüt.
Ohne mich kämst du weiter
ein anderer würde dir nicht
beim Frühstück vom Regen erzählen
den er in den Augen hat.
Aber einer andern würde ich mich
auch nicht so rückhaltlos erklären.
Uns eint das Überleben
wir staunen umher und bewundern uns
sind unheimlich stolz
wenn uns ein Lächeln entkommt
wenn es auf Antworten Fragen gibt.
Ohne mich kämen wir weiter,
blieben vielleicht, was wir schon immer waren:
zwei Menschen. Gleich zwei.

Die Wolken, die Steine
mal oben, mal unten
fliegend und rollend
dazwischen die tägliche Nacht.
Gut, ich träume
vom Abschied, von verdunkelten Laternen
auch von geraunten Grüßen, diesem letzten Gepäck.
Irgendwann wird der Tod
die Grenzen schließen.
Wenn man mich fragt, was
hast du, sag, was hast du
am meisten geliebt, am meisten gehaßt
werde ich sagen, die Wolken, die Steine
wie Täuschung und Enttäuschung zugleich.
Dann werde ich schweigen.
Leben, mach mir die Rechnung
die Hälfte war Rausch
ein Prozent Liebe, Arbeit der Rest.
Die Steine, die Wolken
ich fall auf sie zu
mal unten, mal oben
sie stürzen auf mich
ich komm nicht mehr hoch
nicht mehr tief.

Inhaltsverzeichnis

Junge deutsche Literatur bei Piper

Jürg Amann · Die Baumschule
Berichte aus dem Réduit. 2. Aufl., 6. Tsd. 1982. 157 Seiten. Geb.

Jürg Amann · Nachgerufen
Elf Monologe und eine Novelle. 1983. 110 Seiten. Geb.

Birgitta Arens · Katzengold
Roman. 5. Aufl., 31. Tsd. 1982. 222 Seiten. Geb.

Klaus Bädekerl · Ein Kilo Schnee von gestern
Roman. 1983. 252 Seiten. Geb.

Wilhelm Deinert · Mauerschau
Ein Durchgang. 1982. 400 Seiten. Geb.

Josef Einwanger · Öding
Roman. 1982. 223 Seiten. Geb.

Monika Helfer · Die wilden Kinder
Roman. 1984. 155 Seiten. Geb.

Michael Köhlmeier · Moderne Zeiten
Roman. 1984. 218 Seiten. Geb.

Ulf Miehe · Lilli Berlin
Roman. 1981. 227 Seiten. Geb.

Sten Nadolny · Die Entdeckung der Langsamkeit
Roman. 2. Aufl., 34. Tsd. 1983. 358 Seiten. Geb.

Lutz Rathenow · Boden 411
Stücke zum Lesen und Texte zum Spielen. 1984. 199 Seiten. Geb.

Lutz Rathenow · Zangengeburt
Gedichte. 1982. 100 Seiten. Geb.

Daniel Walter · Die Phiole ohne Blume
Erzählung. 1984. 97 Seiten. Geb.

Piper